AF347382

ARREST
DV CONSEIL
D'ESTAT,

Portant le prix que les Maiſtres & Fermiers des Monnoyes du Roy ſeront
tenus payer à ceux qui leur apporteront des matieres, & vaiſſelles d'or
& d'argent à vendre.

Regiſtré en la Cour des Monnoyes par Ar-
reſt du 22. Septembre 1636.

A PARIS,

Chez Sebastien Cramoisy Imprimeur
ordinaire du Roy, & és Monnoyes, ruë
S. Iacques, aux Cicognes.

M. DC. XXXVI.

ARREST DV CONSEIL

d'Eſtat, portant le prix que les Maiſtres & Fermiers des Monnoyes du Roy ſeront tenus payer à ceux qui leur apporteront des matieres, & vaiſſelles d'or & d'argent à vendre.

SVR ce qui a eſté repreſenté au Roy eſtant en ſon Conſeil; Que depuis l'Edict de ſa Majeſté du mois de Mars dernier, & Declaration du mois de Iuin enſuiuant, por-

A ij

tans Reglement sur le faict des monnoyes; plusieurs personnes ayans porté au Maistre & Fermier particulier de la Monnoye de Paris quantité de matieres, & vaisselles d'or & d'argét pour les vendre, afin d'estre conuerties en especes de monnoyes aux coings & Armes de sa Majesté, ledit Fermier auroit refusé de les prendre & payer à plus haut prix que celuy porté par l'Arrest de son Conseil du premier iour de May dernier, sçauoir l'or fin à trois cens vingt liures le marc, & l'argent le Roy à vingt trois liures dix sols le marc : ce qui apporte vn notable preiudice au Public,

empefche ledit Maiftre de la
Monnoye de Paris, & autres
Maiftres, de fabriquer la quantité de monnoye neceffaire
pour l'entretien du Commer-
ce, comme ils euffent peu, &
fait que les particuliers n'ont
efté fecourus en leurs neceffi-
tez par la vente de ce qu'ils
ont de vaiffelles & ouura-
ges d'or & d'argent inutiles
dans leurs maifons. A quoy
eftant befoin de pouruoir :
Le Roy eftant en fon Confeil,
en attendant vn Reglement general pour la reformation de
fes Monnoyes, & par proui-
fion, & iufques à ce qu'autre-
ment par fa Maiefté y ait efté

pourueu ; A ordonné & or-
donne que ledit Maiſtre & Fermier particulier de la Monnoye
de Paris, & autres Maiſtres des
Monnoyes de ce Royaume,
ſeront tenus bailler & payer à
ceux qui leur apporteront des
matieres & vaiſſelles d'or &
d'argent à vendre : Sçauoir, du
marc d'or fin trois cens quatre-
vingts quatre liures tournois,
& du marc d'argent le Roy,
vingt-cinq liures tournois ; &
ce, nonobſtant ledit Arreſt de
ſon Conſeil du premier May
dernier : Auquel pour ce regard ſeulement, & ſans tirer à
conſequence, ſadite Maieſté a
dérogé & déroge. ENIOINT

sadite Maiesté audit Maistre
particulier de sa Monnoye de
Paris , & autres Maistres des
Monnoyes, de tenir à cet effet
leurs Bureaux ouuerts, & de
vacquer incessamment à la fabriquation & conuersion des
matieres d'or & d'argent en especes de monnoyes à ses coings
& Armes , suiuant les Ordonnances sur le faict des Monnoyes; & à ses Officiers desdites Monnoyes d'y tenir la main.
FAICT au Conseil d'Estat du
Roy , sa Maiesté y estant , tenu
à Senlis le dixiesme iour de Septembre, mil six cens trente-six.

Signé,   BOVTHILLIER.

EXTRAICT DES
Regiſtres de la Cour des Monnoyes.

EV par la Cour l'Arreſt du Conſeil d'Eſtat, le Roy y eſtant, tenu à Senlis le dixieſme des preſens mois & an, ſigné Bouthillier: Par lequel pour les cauſes y contenuës ; ſa Maieſté, en attendant vn Reglement general pour la reformation de ſes monnoyes, & par prouiſion, auroit ordonné que le Maiſtre & Fermier particulier de la Monnoye de Paris, & autres

Maiſtres des Monnoyes de ſon
Royaume, ſeroient tenus bailler & payer à ceux qui leur ap-
porteroient des matieres &
vaiſſelles d'or & d'argent à vendre ; ſçauoir, du marc d'or fin
trois cens quatre-vingts quatre
liures tournois , & du marc
d'argent le Roy vingt-cinq liures tournois , nonobſtant au-
tre Arreſt precedent de ſondit
Conſeil du premier May dernier : Auquel pour ce regard
ſeulement , & ſans tirer à conſequence, ſadite Maieſté a de-
rogé ; enjoignant auſdits Maiſtres des Monnoyes , de tenir à
cet effet leurs Bureaux ouuerts,
& vacquer inceſſamment à la

B

fabriquation & conuersion desdites matieres d'or & d'argent, en especes de monnoyes aux coings & Armes de sadite Majesté ; suiuant les Ordonnances sur le faict des Monnoyes , & à ses Officiers desdites Monnoyes d'y tenir la main. Lettres patentes de sadite Majesté desdits iour & an , données en ladite ville de Senlis, attachées audit Arrest soubs le Contrescel, aussi signé BOVTHILLIER, & scellées de cire jaulne du grand Scel sur simple queüe, addressantes à ladite Cour pour le faire executer. Ouy sur ce le Procureur general du Roy, qui a requis l'enregistrement dudit

Arrest: La Covr a ordonné & ordonne , que ledit Arrest du Conseil du dixiesme desdits present mois & an, sera regisré és Registres d'icelle, pour estre executé, gardé & obserué, selon sa forme & teneur , & qu'il sera leu & publié à son de trompe & cry public, & affiché par les Carrefours & lieux accoustumez de ceste Ville & Fauxbourgs de Paris , à ce qu'aucun n'en pretende cause d'ignorance , & coppies d'iceluy Arrest, collationnees par le Greffier de ladite Cour, seront enuoyees aux Generaux Prouinciaux, Iuges, Gardes, Maistres & Fermiers des Monnoyes, pour faire

B ij

publier & executer ledit Arreſt, chacun dans l'eſtenduë de
ſon Reſſort ; auſquels eſt en-
joint de tenir la main à l'exe-
cution. Faict en la Cour des
Monnoyes le vingt-deuxieſme
Septembre, mil ſix cens trente-
ſix. Signé, DELAISTRE.

*L'an mil ſix cens trente-ſix le vingt qua-
triéme iour de Septembre, l'Arreſt du Conſeil
d'Eſtat cy-deſſus, a eſté leu & publié à ſon
de trompe & cry public aux carrefours & autres lieux, tant ordinaires qu'extraordinai-
res de cette ville & faux-bourgs de Paris, en
la preſence de nous Nicolas Lambert, Iacques
Blondel & Michel Rebours Huiſſiers en ladite
Cour des Monnoyes, ſoubs-ſignez, par Simon
le Duc Iuré Crieur en ladite Ville, Preuoſté &
Vicomté de Paris, accompagné de Mathurin
Noiret Iuré Trompette, & de deux autres
Trompettes : comme auſſi a eſté ledit Arreſt*

affiché par nous en tous les lieux accouftu-
mez de ladite ville & faux-bourgs de Paris,
à ce qu'aucun n'en pretende cause d'ignorance. Signé Lambert, Blondel, & Rebours.

Collationné aux Originaux par
moy Greffier en Chef en la
Cour des Monnoyes.

www.ingramcontent.com/pod-product-compliance
Lightning Source LLC
LaVergne TN
LVHW010841180726
843502LV00009B/3690